SECRET
DU
JANSENISME.
AVEC
UNE LETTRE
circulaire de Messieurs les
Disciples de S. Augustin.

MDCC.XXXIII.

SIÈCLE
DU
JANSÉNISME;
OU LETTRE

Commentaire de Molina... les
Disciples de S. Augustin.

M.DCC.XXXIII.

SECRET
DU
JANSENISME.

LETTRE CIRCULAIRE DE MESSIEURS
les Disciples de Saint Augustin,

MESSIEURS,

NOUS appercevons avec de grands sentimens de joie les nouveaux progrès de la Doctrine de Saint Augustin, & la ferveur de votre courage contre la rage de nos Adversaires : mais ils sont trop interessez à nous persecuter, pour esperer qu'ils s'en lassent.

Nous avons jugez qu'il étoit fort à propos de vous encourager à tenir ferme, & vous conjurer de ne vous point lasser de combattre & souffrir persecution pour la justice. La charité qui nous unit avec vous, nous a portée il y a long-tems, à nous prosterner devant Dieu pour lui demander pour vous cette grace ; & comme après des prieres continuelles, il nous a donné & communiqué quelques lumieres par lesquelles nous nous sommes genereusement conduits jusques-ici pour l'établissement de notre Doctrine dans le lieu de notre résidence, nous avons crû que vous seriez bien aise que nous vous en fissions part : C'est pourquoi nous avons mis par ordre les principaux Reglemens que nous avons suivis, ausquels nous ne dou-

A

tions pas que vous n'ajoûtiez foi quand vous les aurez reçûs; Vous y reconnoîtrez beaucoup d'excellentes pratiques, ar les lumieres de votre esprit & de votre prudence, pour vous en servir avantageusement, il vous sera necessaire que les principaux & les plus zélez d'entre vous s'y unissent d'une alliance spirituelle en Jesus-Christ, s'appuyants les uns les autres & n'agissant que par un même esprit; & par ce moyen vous nous affermirez de plus en plus dans les bons sentimens que vous avez embrassez, & vous agirez bien plus facilement à les établir, & à contrarier ceux qui s'y opposent d'autant plus que parmi les Instructions, il y en aura peut-être quelqu'unes qui pourront choquer les simples, vous vous representerez, s'il vous plaît, que comme Dieu se sert ordinairement des moyens pour nous sauver, parce que les raisons qui le font agir ne sont pas connuës aux hommes, nous prenons une conduite qui sera peut-être illegitime à ceux qui ne connoîtront pas tout-à-fait le zéle d'où elle part. Secondement, Dieu nous mene par des routes inconnuës, afin de vous sauver malgré vous; C'est pour cela que nous devons travailler au salut des hommes malgré eux. Ce sont de pauvres malades qui aiment le mal, & ne le connnoissant pas, il les faut tromper pour les guerir. Au surplus, si nous imitons en quelque chose la conduite de Messieurs de la Religion prétenduë reformée, ce n'est pas que nous ne detestions leur Heresie, mais il n'y a point d'herbe si mauvaise ont on ne puisse tirer quelque utilité. Il nous est permis de prendre des moyens inconnus qu'ils ont pris pour l'établir dans l'esprit des peuples quoiqu'ils les

3

ayent corrompus par une mauvaise foy ; c'est pourquoi,
si leur Instituteur n'eut abbatu l'orgüeil des Moines,
& attaqué la Doctrine génante des œuvres de surro-
gation de merite qui font leur pain quotidien, il ne
se fut jamais si heureusement établi comme il a fait.
Nous pouvons innocemment prendre la même route,
non pas pour autoriser leurs erreurs, mais pour rétablir l'Eglise, feint vouloir faire dans ces premieres
pratiques seculieres d'état & d'estime d'où ils sont dé-
chus, Nous sommes obligez d'avoüer que les Calvi-
nistes font encore très-prudemment pour l'établissement
de leurs erreurs, nottamment en ce qui regarde le saint
Sacrement de l'Autel, de ne pas dire ouvertement leur
opinion sur ce sujet, mais d'en parler en termes ob-
scures & obliques, pour se pouvoir accommoder aux
differentes dispositions qu'ils rencontrent. Enfin, c'est
une raison qu'il faut tenir cachée quelque tems pour
faire mistere des articles fondamentaux de notre Doctrine, & de ne les pas découvrir à tous, & en tout
tems, puisque nous sommes dans un Siécle si mal-
heureux que la plûpart des Peuples ne font pas capables de les concevoir. Voilà, Messieurs les prin-
cipales choses à dire de la part de Dieu : vous sup-
plians de nous faire part de vos prieres, & de nous
recevoir dans votre sainte Vnion comme,

MESSIEURS,

Vos très-humbles & très-affectionnez
Serviteurs & Confreres, les Peres
de la Doctrine de S. Augustin.

DE LA FIN DE L'UNION.

remie-
ement.

LA fin principale de cette union sera de remedier aux abus & aux désordres qui se sont glissez en l'Eglise depuis S. Augustin par l'ignorance de son excellente doctrine.

Seconde-
ment.

De rétablir Messieurs les Prêtres & autres Ecclesiastiques seculiers dans l'estime des Peuples que les vices, l'ignorance & la fainéantise en ont éloignez, de les rétablir dans la conduite des ames que les Moines ont usurpez sur eux.

Troisié-
mement.

Oter aux Peuples la trop grande confiance qu'ils ont aux Moines, en leurs faisant connoître qu'ils ne vivent pas selon leur Institut & l'esprit de leurs Peres, qu'il y a beaucoup de corruption dans leurs mœurs, que leur maniere de conduir les ames est pernitieuse; qu'ils professent une fausse Doctrine & contraire à saint Augustin sur la matiere la plus importante du salut, qui est celle de la Prédestination & de la Grace.

PREMIER MOYEN.

La re-
gle des
mœurs
pour se
mettre en
estime.

De se remettre en estime, & pour y travailler efficacement, il est à propos qu'ils tachent de si bien regler leurs mœurs, au moins quant à l'exterieur, que leurs vies étant exemplaires, elles puissent être un préjugé de la bonté de leur doctrine & de leur sincerité; ils se porteront, ils tacheront de porter les Peuples à quelque pratique exterieure de Pieté, comme de visiter les Malades, assister les Pauvres publiquement, & voir les prisonniers; à éloigner les Peuples de croire que la Doctrine de S. Augustin soit confor-

me

me à celles des Calviniftes ; ils publieront par tout
que la pratique de l'Eglife eft trop relâchée, que les
penitences ordinaires ne font pas affez rudes ni con-
formes à la grandeur des crimes felon la pratique de
l'Eglife primitive : que l'on profane plûtôt le faint
Sacrement qu'on ne l'adore par la trop frequente com-
munion. Ils s'étudiront fur toute chofe à faire connoître que ces abus fe font gliffez dans l'Eglife par la
mauvaife conduite des Moines & par le trop grand
defir qu'ils ont eu de fe faire fuivre, au mépris des
Prêtres, & des vrais & naturels Pafteurs. Ils fe loüe-
ront fort les uns les autres. Ils feront profeffion d'être
fçavans, & pour en acquerir la reputation, ils par-
leront beaucoup dans les châires de Graces fuffifantes, de Graces efficaces, & fur-tout de la Predefti-
nation de faint Auguftin.

SECOND MOYEN.

Ils feront foigneux de recüeillir tout ce qui a été
fait, dit, ou écrit contre les Moines & à leur des-
honneur pour s'en fervir dans les rencontres, en forte
toute fois, qu'ils ne paroiffent agir que par un pure
zele, & non par animofité, ils tacheront de faire
connoître peu à peu & doucement aux Peuples,
l'ignorance des Moines, leurs déréglemens, en un
mot, ils mettront tout en ufage pour les ruiner & les
bannir de l'amitié & de la devotion que les Peuples
ont pour eux, mais fur-tout, qu'ils évitent de faire
paroître de la paffion à l'extérieur, & de caufer
du fcandale.

TROISIE'ME MOYEN.

De ruiner la Doctrine des œuvres, & d'établir celle de la Grace victorieuse, quoique la grace impose à la volonté une necessité d'agir antecedente; il ne faut pas néanmoins se servir jamais du mot de necessité en disant que la grace n'excite point la volonté. Au lieu de ces termes, il faut dire que la grace est victorieuse, qu'elle contraint & emporte doucement la volonté sans pourtant aucune violence. Il faut bien se donner de garde d'avancer d'abord certaines Propositions qui ont coûtume de choquer les esprits; comme de dire que Jesus-Christ n'a pas souffert & n'est pas mort pour tous les hommes. Que les Commandemens de Dieu sont impossibles à ceux qui les violent. Qu'il n'y a point de Grace suffisante, que Dieu ne veut pas sauver toutes les créatures, & semblables Propositions qui effaroucheroient trop les esprits si on leurs disoit cruëment qu'ils ne parlent donc que de la Predestination, & de la Grace victorieuse, & qu'ils tâchent par tout moyen de persuader ce dont il s'agit: la raison de cette conduite est, que si on accorde cela une fois, nous tirerons puis après facilement le reste de ces deux opinions, Ils diront aussi que la Contestation qui se rencontre entre les Jansenistes & les Molinistes, ne vient que du mal-entendu qu'ils disputent, & sont pourtant d'accord, que l'une ni l'autre de leurs opinions, n'est heretique, que c'est une question purement scholastique; mais qu'il semble que saint Augustin fait mieux connoître la grandeur de Dieu.

QUATRIEME MOYEN.

Ils témoigneront être gens de paix, être fâchez des rumeurs & scandales que causent cette Contestation dans l'Eglise, afin qu'on ne les croyent pas les principaux Auteurs ; que l'on en doit parler ni d'une part ni d'autre. S'ils veulent dire leur opinion devant les suspects, que ce soit pour le moins par narration, en disant seulement que les Jansenistes disent telles & telles choses : Et ceux des nôtres qui n'auront pas assez de fond pour soûtenir par raison leurs opinions, pourront en user de la même sorte, s'ils croyent qu'il y a quelqu'un dans la Compagnie capable d'entreprendre le coup à tirer. Si on leur demande des raisons pour appuyer leur Doctrine : soit qu'ils en ayent ou non : il sera bon quelquefois pour causes de ne pas répondre avec faste & ostentation, mais dire que saint Augustin y est tout formele, & que cela doit suffire.

Ils seront gens de paix & de douceur.

CINQUIEME MOYEN.

Ils auront tous une même liste des grands éloges que les Conciles ont donné à saint Augustin, afin de faire voir son autorité, ils s'efforceront de la faire recevoir avec veneration & promptement, en telle sorte qu'on ne se puisse pas donner la liberté de rechercher de ses paroles. Souvent les gens suspects sont la plûpart ennemis de cette Doctrine, parce qu'ils la croyent nouvelle ; il leurs faut bien persuader qu'elle n'est nullement nouvelle, mais au contraire beaucoup ancienne.

Soûtenir la Doctrine de S. Augustin en son ancienneté.

SIXIE'ME MOYEM.

Maniere d'agir avec les simples. S'il se trouve de bonnes ames simples qui n'ayant pas le fond necessaire pour chercher à faire leur salut sont assez bien disposées à nous écouter : mais comme il ne faut pas les choquer, il faudra les traiter avec la même précaution que les suspects, ou bien il se faudroit un peu plus s'ouvrir à elle, en faisant attention à mesure que nous leurs parlerons & nous observerons bien leur contenance pour découvrir l'effet qu'on fera sur leurs esprits, & pour peu que l'on connoisse en eux l'amour de la nouveauté, il faut leurs donner la Doctrine comme nouvelle, au moins à l'Eglise moderne & aux Docteurs Scholastiques, & même quelques Conciles qui sont tenus depuis saint Augustin ; leur dire tout ouvertement que les pratiques & les mortifications des Moines sont inutiles & génantes, & qu'elles ne servent à rien ; que si nous sommes en grace, c'est la Grace seule & non pas les œuvres qui font notre mérite (si mérite y a) & si nous n'y sommes pas, que les bonnes œuvres ne sont pas seulement inutiles, mais sont tout autant de pechés mortels ; que si cette Doctrine repugne au Concile de Trente, ils diront qu'il n'est pas œcumenique, & n'a été composé que par des Moines & autres semblables gens, que tous les Sçavans & autres gens de mérite sont Jansenistes : ils leurs diront aussi ouvertement que Dieu n'est pas mort pour les réprouvez, qu'il ne leur donne aucune grace, non pas même de suffisante, parce qu'ils en abuseroient, qu'il n'y a point de graces

ces qui ne soit efficace & victorieuse : qu'elle est efficace sans aucune cooperation de notre part, & quand
on a reçû une fois cette Grace, c'est une grande
marque de predestination, & un grand sujet de joye
quand nous reconnoissons cette grace par de certaines marques sensibles & délectables.

SEPTIEME MOYEN.

Les Disciples unis auront un grand soin de traiter
nos Seigneurs les Prelats avec grande soûmission,
& Messieurs les Prêtres avec respect & cordialité,
afin de leurs faire voir qu'ils sçavent bien mieux hono-
rer la Dignité Sacerdotale que les Moines, ils feront
connoître aux Prelats que les Moines les meprisent,
que la direction des Consciences leurs appartient de
droit privativement à tout autre : Que les Moines n'en
sont en possession que par usurpation ; qu'ils ne sont
pas compris dans l'ordre de la Hierarchie : que tout
leur emploi n'est que prier & pleurer en solitude, &
non pas de prêcher, mais bien à eux. Que les Moines
sont vains, mondains, vindicatifs, ils diront qu'ils
veulent bien croire que les Moines dans l'attache qu'ils
ont pour leurs interêts ne se proposant que la gloire
de Dieu, mais qu'ils font connoître cette gloire de
Dieu & la convertissent en choses abominables, qui
diront ne pouvoir jamais oser dire, & en effet ne le
diront jamais, laissant la liberté à un chacun de pen-
ser là-dessus ce qu'il voudra : que le but & le dessein
des Moines, est de tenir les Prêtres Seculiers dans
l'opprobre & la mesestime des Peuples & ne tendent
qu'à les anéantir. Ils encourageront les Prêtres à pa-

C

cation necessai-re pour l'accroissement de la Doctrine.

Maniere de se comporter entr'eux.

roître dans les chaires, leurs en procurant, & les assembleront autant qu'ils leur sera possible, afin que tous liez ensemble par une union étroite de doctrine & de simpatie, ils puissent faire un corps assez considerable pour détruire celui des Moines. Tous enfin s'efforceront d'attirer à la Doctrine de saint Augustin ceux qui seront le plus en reputation d'écrire & de prêcher le mieux.

INSTRUCTIONS GENERALES.

Les Disciples seront tellement unis ensemble dans cette alliance spirituelle que rien ne soit capable de les desunir, & se persuaderont que toutes leurs forces contre leur ennemis, dépend de cette union tant ceux qui professeront la Doctrine susdite, pourront s'appeller les Disciples de saint Augustin. Les Disciples unis seront seulement ceux ausquels les presentes Instructions seront communiquées. On aura soin d'en envoyer une copie seulement en chaque Ville, ou gros Bourg du Royaume. Celui auquel elles auront été envoyées en premier lieu, est supplié de ne les pas faire voir à ceux qu'il croira n'être pas bien affermis dans l'amour de la Doctrine & dans la haine des Adversaires. Il en choisira un petit nombre d'entr'eux, avec lesquels il s'assemblera par forme de visites ou de promenades, & pour lors il pourra leur communiquer adroitement, & les instruire de tems en tems de l'établissement, avancement & autres affaires de notre Union & de la Doctrine.

Ceux des Disciples qui seront les plus sûres & les plus capables, pourront faire profession ouvertement de cette Doctrine, & declareront la guerre à ses Adverſaires ; & à ceux qui n'en diront ni pour ni contre, ils ſe contenteront de ne leur rien dire.

Ceux qui s'appelleront les Diſciples ſecrets, tels que le *Fils de Dieu* en avoit, ceux-là ſe tiendront & agiront par tout comme neutres, & même ſe rengeront ſelon les occurrences du parti contraire, s'il eſt beſoin, ils aſſiſteront le plus ſouvent & frequenteront les grandes compagnies, afin de pouvoir ſonder & découvrir adroitement la diſpoſition des eſprits touchant la Doctrine qu'ils enſeigneront.

Ils feront une Bourſe commune pour avoir le moyen de ſubvenir aux frais qu'il faudra faire pour gagner par argent, ceux qui ne l'auront pas pû être par addreſſe.

Comme nous n'avons que trop reconus que la Doctrine des merites, comme elle eſt entenduë maintenant dans les l'Egliſes, eſt tout-à-fait contraire à la nôtre, & qu'elle donne toûjours beaucoup de pied à nos plus grands ennemis, qui ſont les Moines, c'eſt pour cela que nous nous efforcerons par des ſoins infatigables à la ruiner : car, tandis que l'on croira que Dieu donne des graces ſuffiſantes aux hommes pour les ſauver, & qu'elles ſont renduës efficaces par nôtre cooperation, ceux qui auront ſoin de leur ſalut s'empreſſeront de connoître la volonté de Dieu ſur eux pour y correſpondre, & s'addreſſeront toûjours aux Moines qu'ils croiront les ſeuls capables d'être dépoſitaires de cette connoiſſance, & tireront ſans ceſſe par cet endroit, des fonds ſuffiſants, & pour leur ſubſiſtance, & pour leurs autres beſoins.

De plus, il importe beaucoup que les vrais Difciples de faint Auguftin détruifent la Doctrine qui gé-
ne l'efprit fous prétexte de conferver la liberté. Qu'ils
parlent donc en géneral d'une grace charmante &
victorieufe, qui ne laiffe point à la volonté des Pré-
deftinez la peine de correfpondre, & lorfque tous les
foins que nous prendrions pour fervir Dieu par nos
bonnes œuvres feroient inutiles, qu'il ne faut que la
laiffer agir, auffi bien nous ne pourrions pas refifter
à telle violence, qu'au contraire cette grace porte
toûjours avec foi des douceurs & charges qui furpaf-
fent infiniment tout ce que l'on en peut dire. On le
peut connoître à certaines marques qui ne font pas
données à tous, & qui font fort rares. Qu'ils prennent
bien garde de dire quelles font ces marques, & la
puiffance de cette grace. Ils diront que cette con-
noiffance ne fe donne qu'à ceux qui en font capables.
Cette conduite eft un des plus puiffants moyens pour
attirer les Peuples aux defirs de nous confulter fur
les affaires du falut.

INSTUCTIONS PARTICULIERES
pour le progrès de la Doctrine.

Comme il fe faut comporter avec les fufpects, fi
la prudence nous oblige d'avoir égard aux difpofi-
tions des efprits avec lefquels nous avons à travailler, c'eft particulierement envers ceux qui font fufpects de fentimens conraires aux nôtres, qu'il faut
apporter toutes fortes de précautions. C'eft pourquoi
les unis fe ferviront de toute la difcretion poffible,
quand ils auront à traiter avec ceux qu'ils connoîtront,

tront, ou ſoupçonneront avoir été gouvernez par nos Adverſaires : ils prendront garde à gouverner leur zele de maniere qu'il ne puiſſe nuire à la Doctrine de ſaint Auguſtin, prétendant la tenir dans un ſens contraire.

Ils pourront deſavoüer ſelon les occurrences des tems, la Doctrine qu'ils tiennent : éloigneront bien loin d'eux le titre & la qualité de Janſeniſte, mais auſſi ils prendront bien garde de ne rien dire qui puiſſe bleſſer tant ſoit peu la perſonne ni les Ecrits ni la Doctrine de Monſieur l'Evêque d'Ypres, quand même ils ſeroient avec des perſonnes qui en auroient horreur : ils écouteront patiemment tout ce qu'on voudra dire contre lui, & prendront bien leur tems pour le juſtifier, ſans néanmoins faire paroître du panchant & de l'attache de ſa Doctrine. Ils ne diront point ouvertement leur opinion, mais ils la donneront à entendre ſous des termes qui, quoiqu'un peu obſervé, ne laiſſeront pas de la faire paroître ſelon les opinions communes de ſaint Auguſtin.

Il faut travailler ſur toute choſe & avec une application infatigable, à mettre dans nos interêts les Femmes & les Filles, ſur-tout les Dames de qualité & de credit, elles peuvent infiniment à notre entrepriſe, & ſont fort propres à recevoir & même à donner croyances à cette Doctrine. C'eſt pourquoi les nôtres s'inſinueront auprès d'elles adroitement & par toute ſorte de moyens, particulierement parmi celles qui font profeſſion d'une haute pieté & d'une devotion extraordinaire, parce que celles-là aiment le changement & la varieté, & ſont capables d'attirer pluſieurs hom-

mes à leurs sentimens, parce que les femmes sont
naturellement éloquentes & persuasives, sur-tout quand
elles veullent gagner quelqu'un, ainsi on les ména-
gera sur toutes choses.

Les Maisons même des Religieuses ne seront pas
oubliées, quoiqu'il semble qu'elles soient peu propres
pour l'avancement de la Doctrine, il ne faudra pas
cependant les negliger. Il sera bon d'y prêcher souvent, de faire des Conferences particulieres: aux gril-
les, afin d'y glisser plus en sûreté les points essen-
tiels de notre Doctrine. Les Livres que l'on aura soin
de faire imprimer, leurs seront envoyez *gratis* & au
dépend de la bource commune. On en envoyera aussi
aux personnes riches & de qualité, sur-tout aux Dames, & l'on s'appliquera avec soin, qu'ils soient bien
proprement & curieusement reliez; on en pretera aux
autres personnes qu'on aura remarqué avoir du panchant de connoître la Doctrine, on en debitera dans
les Villes aux gens les plus qualifiez & de distinc-
tion qu'on connoîtra en faire leur profit, & s'il ne se
trouvoit personne pour faire cette dépense, elle se
fera sur la bource commune.

Les Disciples unis pourront traiter ceux qu'ils
connoîtront ni pour ni contre, comme il a été dit
des suspects & des simples, c'est-à-dire, qu'on s'en
remet à leur discretion: d'ailleurs, ils pourront faire
courir des billets, des écrits, ou bien même des imprimez dans les bonnes Maisons: ils en envoyeront
aussi aux amis des plus de consequence, en forme
de Lettre d'un Ami à un autre, & aux notables des
lieux des Provinces, afin que leur curiosité propre,

les porte d'eux-mêmes à prendre les Inftructions qu'on ne pourroit pas toûjours fi aifement leur faire de vive voix. C'eft avec ceux-là principalement qu'il faut faire myftere des principaux articles de notre opinion pour mieux attirer leur curiofité. Si ceux du Parti contraire viennent à choquer les Difciples, foit en leur Doctrine ou en leurs perfonnes, on aura auffi-tôt recours à la voye des Apologies qui feront deux effets, car l'un rabaiffera nos Adverfaires, & nous élevera fur leur ruine, l'autre les attaquera, & nous fervira de défenfes.

Quand ils trouveront quelqu'uns pancher un peu plus du côté de Molina que de faint Auguftin, ils pourront fe declarer un peu plus ouvertement contre les Moliniftes, les accuferont d'être Pelagiens & fervir Pelagieus, & feront entendre que fi Dieu ne donne pas des graces fuffifantes aux réprouvez, c'eft pour exercer fa juftice. Avec les fervents & les devots, ils leurs reprefenteront que la plus folide devotion eft celle qui eft enfeignée par faint Auguftin. Qu'il y a plufieurs conditions neceffaires à ce que les actions de pieté foient agréables à Dieu & meritoires, que la principale eft la grace, fans laquelle les meilleurs œuvres font pechez, que l'orgüeil corrompt bien fouvent nos meilleures actions, que le plus grand orgüeil que nous puiffions concevoir eft de fe perfuader que nous ayons part aux actions de pieté que Dieu feul fait en nous, fans que nous penfions avoir aucun merite : que la plus grande gloire & la plus grande vertu de l'homme eft de s'afsûrer tellement fur la Grace, qu'elle faffe tout en nous, & fans nous.

Quelle eft la difference de la Doctrine de S. Auguftin d'avec celle de Molina.

Conduite parmi les indevots & les libertins.

Ils diront aux indevots & à ceux qui sont dans le libertinage, ou qui s'y sentent portez, que Dieu a déterminé notre salut ou notre damnation, que nous n'en sçaurions changer l'Arrêt par quelque action que ce soit, bonne ou mauvaise.

Avoir un fond pour subvenir aux dépenses.

Ils ne manqueront point d'avoir toûjours un fond de reserve pour distribuer en maniere de pension, aux plus zelez du Parti, afin de servir, ou par écrits, ou par livres, ou par imprimez, ou par feüilles volantes, la doctrine susdite, & les pensions seront payez préferablement à toutes autres dépenses.

Serment de fidelité inviolable.

On gardera un Serment inviolable, tant pour ne jamais découvrir à personne les presentes Instructions, que pour tenir caché les résolutions qui seront déterminées pour les affaires de nôtre Union, & qui seront prises dans nos entrevûes Si les Evêques ou autres grands Seigneurs se trouvoient opposez à notre Doctrine, pour lors on se tiendra un peu de tems en repos, ou bien on agira secretement, se contentant de disposer peu à peu les esprits en pacifiant avec douceur.

Punition particuliere pour ceux qui s'oposent à la Doctrine.

Si des personnes de moindre autorité que les Evêques se rendent contraires à la Doctrine, on tâchera par douceur de les gagner & même par present, s'il le faut. Mais si l'on remarque qu'elles soient opiniâtres & se rendent difficiles on fera des perquisitions exactes de leurs vie & mœurs, sur tous de leurs désordres, & par-là, on les menacera de les perdre de biens & d'honneurs, si elles ne desistent.

Subvenir aux pauvres Ecclesiasti.

Les Ecclesiastiques qui entre les nôtres ne pourront pas vivre commodement seront entretenus aux frais communs des Disciples, & ceux des Provinces seront

adressez

adreſſez à Paris, aux Diſciples déclarez, de la Doctrine de Saint Auguſtin qui leurs fourniront de quoi
vivre, pourvû qu'ils demeurent fermes dans la Doctrine.

Enfin en ce qui regarde la conduite des unis de la
Doctrine, comme ils ſont tous les jours expoſez à con-
verſer parmi les perſonnes de qualitez & de diſtinctions
pour y être bien reçûs, ils ſeront toujours trés-propre-
ment habillez de beau linge & bien blanc. Auront ſoin
d'affecter beaucoup de politeſſe dans leurs paroles &
dans tout leur exterieur. Ils ſe rendront toujours dans
une grande liberté d'eſprit, & ſans contraindre leur
naturel en rien ; ſi on parle de mortifications, qu'ils en
admettent, s'il le faut, pour plaire aux gens avec qui ils
converſeront, quoiqu'elles ſoient inutiles pour plaire
à Dieu & quelles ne ſervent à rien. Ils donneront tout
à l'exterieur tant qu'ils le pourront faire, ſe reſervants
toujours à mener une vie douce & tranquille, ſoit pour
le vivre & le divertiſſement, que pour tous les autres
plaiſirs de la vie, mais que ſe ſoit toujours avec grande
circonſpection & avec des perſonnes de l'Union & de
la Doctrine.

Que ſi par malheur leſdites Inſtructions viennent à
tomber entre les mains de nos Adverſaires, ſur tout
entre celles des Moynes, tous les Diſciples les déſa-
voüeront par tout ou par écrit ou de bouche, s'il eſt ex-
pedient, afin de ne ſe pas attirer de méchantes affaires
qu'on pourroit leur ſuſciter & dont les Moynes ſe pre-
vaudroient beaucoup.

F I N.

[illegible]

[illegible]

[illegible]

[illegible]

[illegible]